COSAS QUE SE MUEVEN

EN UNA EMERGENCIA

Un libro de Las Raíces de Crabtree

CHRISTINA EARLEY

Traducción de Pablo de la Vega

CRABTREE
Publishing Company
www.crabtreebooks.com

Apoyos de la escuela a los hogares para cuidadores y maestros

Este libro ayuda a los niños en su desarrollo al permitirles practicar la lectura. Abajo están algunas preguntas guía para ayudar al lector a fortalecer sus habilidades de comprensión. En rojo hay algunas opciones de respuesta.

Antes de leer:

- ¿De qué pienso que trata este libro?
  - *Pienso que este libro es sobre los vehículos de emergencia.*
  - *Pienso que este libro es sobre los tipos de vehículos que se usan en emergencias.*
- ¿Qué quiero aprender sobre este tema?
  - *Quiero aprender sobre los distintos tipos de vehículos de emergencia.*
  - *Quiero aprender cómo son los vehículos de emergencia.*

Durante la lectura:

- Me pregunto por qué...
  - *Me pregunto por qué una ambulancia y una patrulla tienen sirenas.*
  - *Me pregunto por qué muchos camiones de bomberos son rojos.*
- ¿Qué he aprendido hasta ahora?
  - *Aprendí que una patrulla ayuda en una emergencia.*
  - *Aprendí que una grúa ayuda cuando un automóvil se descompone.*

Después de leer:

- ¿Qué detalles aprendí de este tema?
  - *Aprendí que muchos tipos de vehículos son usados para las emergencias.*
  - *Aprendí que los vehículos de emergencia pueden ayudarnos.*
- Lee el libro una vez más y busca las palabras del vocabulario.
  - *Veo la palabra **patrulla** en la página 7 y la palabra **grúa** en la página 10. Las demás palabras del vocabulario están en la página 14.*

¿Qué puede ayudarnos en una **emergencia**?

Una **ambulancia** puede ayudarnos.

Una **patrulla** puede ayudarnos.

Un **camión de bomberos** puede ayudarnos.

Una **grúa** puede ayudarnos.

¡La ayuda va en camino!

Lista de palabras
Palabras de uso común

ayudarnos	puede	una
de	qué	va
en	un	

Palabras para conocer

ambulancia

camión de bomberos

emergencia

grúa

patrulla

29 palabras

¿Qué puede ayudarnos en una **emergencia**?

Una **ambulancia** puede ayudarnos.

Una **patrulla** puede ayudarnos.

Un **camión de bomberos** puede ayudarnos.

Una **grúa** puede ayudarnos.

¡La ayuda va en camino!

CRABTREE
Publishing Company

COSAS QUE SE MUEVEN

EN UNA EMERGENCIA

Written by: Christina Earley

Designed by: Rhea Wallace

Series Development: James Earley

Proofreader: Melissa Boyce

Educational Consultant:

Marie Lemke M.Ed.

Translation to Spanish:

Pablo de la Vega

Spanish-language layout and

proofread: Base Tres

Print and production coordinator:

Katherine Berti

Photographs:
Shutterstock: Gervasio S.: cover, p. 1; tommaso79: p. 3, 14; blurAZ: p. 5, 8-9, 14; Dwight Smith: p. 6, 14; aapsky: p. 11, 14; Ognjeno: p. 13, 14

Library and Archives Canada Cataloguing in Publication
Title: En una emergencia / Christina Earley ; traducción de Pablo de la Vega.
Other titles: In an emergency. Spanish
Names: Earley, Christina, author. | Vega, Pablo de la, translator.
Description: Series statement: Cosas que se mueven | Translation of: In an emergency. | "Un libro de las raíces de Crabtree". | Text in Spanish.
Identifiers: Canadiana (print) 20210231122 |
    Canadiana (ebook) 20210231130 |
    ISBN 9781039616639 (hardcover) |
    ISBN 9781039616684 (softcover) |
    ISBN 9781039616738 (HTML) |
    ISBN 9781039616783 (EPUB) |
    ISBN 9781039616837 (read-along ebook)
Subjects: LCSH: Emergency vehicles—Juvenile literature.
Classification: LCC TL235.8 .E2718 2022 | DDC j629.225—dc23

Library of Congress Cataloging-in-Publication Data
Names: Earley, Christina, author. | Vega, Pablo de la, translator.
Title: En una emergencia / Christina Earley ; traducción de Pablo de la Vega.
Other titles: In an emergency. Spanish
Description: New York, NY : Crabtree Publishing Company, [2022] | Series: Un libro de las raíces de Crabtree. Cosas que se mueven | Translation of: In an emergency.
Identifiers: LCCN 2021024047 (print) |
    LCCN 2021024048 (ebook) |
    ISBN 9781039616639 (hardcover) |
    ISBN 9781039616684 (paperback) |
    ISBN 9781039616738 (ebook) |
    ISBN 9781039616783 (epub) |
    ISBN 9781039616837
Subjects: LCSH: Emergency vehicles--Juvenile literature.
Classification: LCC TL235.8 .E2618 2022 (print) | LCC TL235.8 (ebook) | DDC 629.222/34--dc23

Crabtree Publishing Company

www.crabtreebooks.com   1-800-387-7650

Printed in the U.S.A./072021/CG20210514

Published in the United States
Crabtree Publishing
347 Fifth Avenue, Suite 1402-145
New York, NY, 10016

Published in Canada
Crabtree Publishing
616 Welland Ave.
St. Catharines, ON, L2M 5V6